Michael Pauzenberger

Seppls Strizzi Geschichten

Die verpeilte Mathearbeit

Band 1

1 Auflage 2024

© Michael Pauzenberger

Design, Produktion, Druck:
Emmas Kaffee Michael Pauzenberger – www.emmas-kaffee.at

Dieses Buch ist in der Nationalbibliothek Wien und in den Landesbibliotheken gelistet.

Lektorat: Mag. Elisabeth Humer

Inhalt

Wer ist Seppl? 7

Lass den Tag beginnen! 12

Die Kumpanin! 19

Ein vernünftiger Plan muss her! 25

Zeit, alles in die Tat, um zu setzen! 31

Oscarverdächtig! 38

Mein Einsatz! 44

Fast erwischt! 49

Der feuchte Furz! 55

Der Test beginnt! 60

Wer ist Seppl?

Servus, Grüezi, Hawidere Buam und Mescha. Ich bin der Seppl. Ich weiß, Seppl ist ein komischer Name. Mir gefällt der leider auch nicht. Mama und Papa haben sich den Blödsinn eingebildet, als ich zur Welt kam. Ich konnte mich damals noch nicht wehren. Sprechen ging bei meiner Geburt noch nicht. Egal, ich muss mich einfach damit abfinden. So schlimm ist es auch nicht. Ich finde es immer sehr lustig, wenn Mama wütend durch das Haus SEEEEEEPPPPPPPPL schreit. Da habe ich mal wieder was angestellt. Oft weiß ich nicht einmal was! Da habe ich dann einfach immer Schuld. Ein bisschen ein Strizzi bin ich vielleicht schon, aber tatsächlich nur ein bisschen. Du fragst dich jetzt, was ein Strizzi ist, oder? Das ist ein Lausejunge, der nur Unfug im Kopf hat. Das kann ich von mir nicht behaupten, denn ich bezeichne mich als kreativ. Wenigstens hockte ich nicht den ganzen Tag vorm Bildschirm wie andere Kinder. Ich mach eben mein Ding. Oft funktioniert es richtig gut. Ab und zu geht allerdings doch einmal etwas schief. Zugeben tu ich das nicht gerne, das muss ich schon zugeben. So schlimm ist es aber nie wie manche glauben oder es empfinden.

Genug davon. Du möchtest sicher noch andere Dinge von mir wissen. Ich gehe in die Grundschule, aber auch nur weil ich muss. Das heißt ich sitze da nicht so gerne drinnen. Warum? Ganz einfach. Da fühle ich mich eingesperrt. In diesen vier Wänden muss man aufpassen und dann auch noch stillsitzen. Puh, das geht echt gar nicht. Zu allem Überfluss muss man im Unterricht auch noch mitmachen und Fragen beantworten, wenn der Lehrer welche stellt. Noch langweiliger geht es echt kaum mehr. Ich bin mir sicher, dir geht es da sehr ähnlich. Meine Noten sind prima. Ich habe nur Einsen, aber eben überhaupt keinen Bock. Am liebsten mag ich den Werkunterricht. Da kann ich mich allein beschäftigen und meinen Freunden helfen. Da mischt sich der Lehrer nie ein, außer wir müssen häkeln. Da hocke ich fast die ganze Stunde drinnen und verzweifle mit der Wolle und der Häkelnadel. Wenn da die Lehrerin nicht aufpasst,

packe ich das am Ende der Stunde in meine Schultasche und bring es meiner Oma. Die macht mir das immer fertig. Schlimm dabei ist aber immer, dass sie mich Seppelchen nennt und mir in die Wange kneift. Ich bin kein kleines Kind mehr. Immerhin bin ich in der Grundschule. Das wird sie wahrscheinlich nie ändern. Ich befürchte, dass sie das dann auch noch macht, wenn ich dreißig Jahre alt bin und selbst vielleicht einmal Kinder habe. Wobei, ob das so klug wäre, wenn es mehr von mir gibt? Stell dir vor, fünf Strizzis auf einen Haufen, die den ganzen Tag kreative Ideen haben. Auweh, dass muss zuerst mal wer aushalten. Lustig finde ich den Gedanken dennoch.

Was mach ich sonst noch gerne? Das ist nicht einmal schwer zu erklären. Grundsätzlich mag ich alles, wobei ich etwas basteln kann. Leseratte bin ich eigentlich auch und am liebsten tolle ich mit meinem Fahrrad herum. Ach ja, zeichnen macht auch Spaß und im Großen und Ganzen einfach draußen sein. Das mag ich am liebsten. Da ist es mir auch völlig egal, womit ich mich beschäftige. Ein Musikinstrument spiele ich auch, weil das meine Mama wollte. Querflöte, so ein blödes Ding. Ich wollte etwas lernen, das ordentlich Krach macht, wie Schlagzeug oder E-Gitarre. Das haben mir meine Eltern nicht erlaubt. Da meinten beide, dass ich ausziehen muss.

So, jetzt weißt du so einiges von mir. Ich freu mich, dass du heute hier mit mir unterwegs bist. Mal schauen, was wir beide heute so Kreatives erleben werden.

Lass den Tag beginnen!

Wie immer fällt mir das Aufstehen am Morgen sehr schwer. Ich bin so ein richtiger Morgenmuffel während der Woche. Da will ich nicht aus dem Bett. Keine Ahnung, warum das so ist. Ich freue mich täglich auf meine Freunde. Die haben wenigstens coole Namen wie Marcel, Paul und Egon, nicht Seppl, so wie ich. Am Wochenende bin ich aber immer als Erstes wach. Wenn ich aufstehe, rührt sich gefühlt eine Ewigkeit nichts im Haus. Das finde ich klasse. Da habe ich meine Ruhe und kann mir schon Gedanken machen, was ich denn so erleben möchte. Naja, immerhin ist heute Freitag, da habe ich nur kurz Schule. Es sind vier Stunden. Klingt jetzt nicht viel, aber wenn man da stillsitzen muss, kann das schon eine Ewigkeit sein. Gut, dass Marcel, Egon, Paul und ich immer einen Plan haben die Stunden rüberzubringen.

So jetzt noch schnell Gesicht waschen und Zähne putzen, Frühstücksbrot verschlingen und raus bei der Tür.

„Seppl, dein Schulranzen!" rief mir meine
Mutter nach, als ich schon zur Tür raus wollte.
Jetzt hätte ich das Ding beinahe vergessen.
Schnell zugegriffen und umgehängt. Meine
Spezis warteten nämlich schon vor dem Zaun.
„Mach inne Junge!" brüllte Marcel über den
Gartenzaun.

„Heute schreiben wir gleich in der ersten Stunde
unsere Mathearbeit, also komm schon!" forderte
mich auch Paul auf. Paul ist ein korrekter
Schüler. Immer pünktlich, nie krank, alle
Hausaufgaben gemacht, sogar die freiwilligen
Zusatzaufgaben - und unser Klassensprecher. Er
trägt einfach etwas dick auf. Beinahe hätte ich
„Streber" zurück gebrüllt. Gut, dass ich mir das
noch verkneifen konnte. Paul und ich sind gleich
gut in der Schule. Ich bin nur nicht so perfekt
vorbereitet wie er. Das nervt manchmal.

„Wie Mathearbeit?" fragte ich nachdenklich.
„Du bist so ein …!" sagte Paul und klatschte
sich mit der Hand an die Stirn. Er wollte sicher
Hirni sagen, das geht gar nicht. „Was ist nun mit
der Mathearbeit?", fragte ich erneut stutzig. Die

Jungs erklärten mir, dass Herr Wurzelpie am Montag einen Test für heute angekündigt hatte. Mein Mund stand sperrangelweit offen. Jetzt muss ich mir eingestehen, dass ich vielleicht doch mehr im Unterricht aufpassen sollte, als ich es tat. Gelernt habe ich nichts! Nämlich überhaupt nichts! Ich weiß nicht einmal, ob meine Mathesachen überhaupt in der Schule sind, oder im Ranzen, oder weiß Gott, wo überhaupt die Dinger herumliegen. Mama sagt auch immer, dass ich ein Schlamphans bin. Ich kann da nur immer kontern damit, dass ich, wenn, dann ein schlampiger Seppl sei und das nicht wahr ist.

Jetzt bleibt nur die Frage im Raum stehen, wie ich den Test schaffe - oder vielleicht auch nicht?

Am Weg zur Schule zermarterte ich mir mein Gehirn. Dafür das ich so schlau und kreativ bin, fühlte sich mein Kopf an wie Brei. Sämtliche Gleichungen schossen durch meinen Kopf. Die hatten aber nichts mit Mathe zu tun. Eher wie ich den Test umgehen kann. Das war alles suboptimal. Jetzt war ich bereits aus dem Haus

und konnte mich nicht mehr krank stellen, da
mich schon einige gesehen hatten. Umdrehen
und auf verschnupft machen und Fieber
vortäuschen ging nicht mehr. Nicht das ich das
schon einmal gemacht hätte, aber ich denke mir,
es könnte funktionieren. Das Fieberthermometer
einfach in meinen Tee stecken, den ich morgens
trinke und gemahlen Pfeffer unter die Nase
halten. Da hätte ich dann mein „Fieber" und
meine laufende Nase. Das wäre der Plan
gewesen. Dann noch ein wenig auf die
Tränendrüse gedrückt und Mama hätte ihr
„Baby" daheimlassen.

Die Kumpanin!

Ich überlegte und überlegte. Mir fiel einfach keine passende Lösung ein. Es war an der Zeit Marcel und Egon ins Boot zu holen. Allein würde ich es nicht schaffen, den perfekten Plan zu schmieden. Mein Glück war, dass Egon nie vorbereitet ist für Tests und Marcel immer mega nervös ist bei solchen Sachen. Er lernt immer und kann vor Tests auch alles, nur vergisst er alles durch seine Prüfungsangst. Da ist er schon ein Armer. Ich bin nur froh, dass es mir nicht so geht. Stell dir den Wahnsinn doch vor! Kaum etwas gelernt, im Unterricht nicht wirklich aufgepasst und dann vor dem Test alles vergessen, weil man Angst hat. Da wäre ich bis heute in der ersten Klasse - oder womöglich im Kindergarten schon sitzen geblieben. So ein Blödsinn. Ich beriet mich mit den Jungs. Paul wollte auch mitmachen, er wusste nur nicht, dass ich den Test sabotieren wollte. Er war sichtlich unerfreut über meine Überlegungen, den Test ins Wasser fallen zu lassen. Nur wie konnten wir das zusammen anstellen?

„Hey Jungs, was geht!" rief uns Susi zu. Eigentlich mag ich keine Mädchen, allerdings ist Susi ein Traum von einem Mädel. Sie ist für jeden Spaß zu haben, immer fröhlich und hat immer ein offenes Ohr. „Komm, mal her. Ich brauche deine Hilfe bei etwas!" schrie ich zu ihr über die andere Straßenseite. In Windeseile war sie schon bei uns. Vor der Schule steckten wir unsere Köpfe zusammen. Ich erklärte Susi, dass ich den Test ins Wasser fallen lassen wollte. Sie war sichtlich überrascht, was ich vorhatte. Dennoch war sie vollkommen bei der Aktion dabei. Auf Susi konnte man sich immer verlassen. Sie hatte mir schon ein paar Mal aus der Patsche geholfen. Einmal hat sie mich bei einem Sachunterrichtstest abschreiben lassen. Mehrmals hat sie mich verteidigt bei den Lehrern, dass ich den Unfug, der mir zugeschoben wurde, nicht gemacht hatte. Logisch hatte ich mit dem Blasrohr die Taschentuchklumpen durch die Klasse geschossen und auch die Papierflieger, die ich in der Klasse fliegen ließ, waren von mir. Das Furzkissen, dass ich unter den Sitzpolster von Frau Häkelstrick gelegt hatte, war ich auch. Jedes Mal hatte mich Susi verteidigt und ich entging einer Strafe. Jeder im Klassenraum wusste, dass ich das war, genauso wie die Lehrer. Es konnte mir nur nicht nachgewiesen werden, da meine Gang zu mir hielt. So bekam ich bisher nie eine Strafe. Das sind einmal echte Freunde! Wer kann das schon von sich behaupten, so großartige Kumpels zu haben. Ich war mir sicher, dass auch dieses Mal alles glatt gehen würde. Der Plan musste einfach perfekt sein. Lange hatten wir nicht mehr Zeit uns etwas zu überlegen. In ein paar Minuten würde der Unterricht beginnen und wenn die Klingel läutet, müssen wir auch alle auf unseren Plätzen sein.

„Wir könnten Herrn Wurzelpie in der Toilette einsperren und danach sagen die Tür habe geklemmt. Er geht doch vor der ersten Stunde immer auf die Toilette", warf Marcel ein. Schlecht war seine Idee nicht, nur kamen wir zum Schluss, dass wir den Test dadurch nur verzögern würden. Irgendjemand würde Herrn Wurzelpie um Hilfe rufen hören und dann die Tür öffnen. Das Schlimmste daran wäre, dass wir dadurch dann nur weniger Zeit hätten für den Test und er dadurch nicht ausfallen würde.

Das Nächste wäre, dass Herr Wurzelpie, dann mit Sicherheit voll sauer wäre und jeden im Detail beobachten würde. Man hätte keine Chance zu spicken, nicht einmal, wenn man nebeneinandersitzen würde.

„Was ist, wenn wir eine Banane in seinen Auspuff stecken beim Auto? Dann springt es nicht an und er kommt nicht in die Schule. So versäumt er sicher die erste Stunde", meinte Egon.

Ein vernünftiger Plan muss her!

„Digga, der ist schon da! Das hätten wir heute Morgen bei ihm zu Hause machen müssen, damit das klappen würde. Du denkst auch gar nicht mit, Alter!", seufzte ich.

„Leute strengt euch mal an! Wir brauchen einen Plan, der voll klappt und nicht zu uns zurückverfolgbar ist. Habt ihr das kapiert?", fragte ich erneut in die Runde.

Alle nickten zustimmend. Sicher war ich mir allerdings nicht, ob das jetzt alle verstanden hatten. Egon kuckte drein als könnte er nicht einmal bis drei zählen.

Die vorherigen Vorschläge waren somit für den Mülleimer. Also, was konnten wir tatsächlich machen?

„Herr Wurzelpie hat doch immer seine Teekanne mit, oder?", fragte Susi in die Runde. Das stimmte! In den ersten beiden Unterrichtstunden

trank er immer seinen Tee, den er sich von zu Hause mitbrachte.

„Was willst du damit?" fragte ich etwas stutzig. „Mann, das liegt doch auf der Hand, oder nicht?", erwiderte Susi etwas barsch. Sie erklärte uns, dass wir ganz einfach etwas in den Tee geben müssen, damit Her Wurzelpie auf die Toilette muss und dort vielleicht die ganze Stunde bleibt.

Gut, die Erklärung war einleuchtend. Jetzt blieben nur zwei Probleme übrig. Wie bekommen wir den Tee in die Hand und was kippen wir da rein, damit er Durchfall bekommt? Das war jetzt etwas heftig.

„Na reiner Apfelessig!", brüllte Marcel in die Runde. Alle starrten ihn fragend an und wussten nicht so recht, was er nun mit dem Essig machen wollte.

„Leute, den Apfelessig kippen wir in die Thermoskanne. Der wirkt mega abführend! Ich weiß das von meiner großen Schwester. Die hat immer Verstopfung! Damit sie auf die Toilette gehen kann, trinkt sie Apfelessig!", erklärte er uns euphorisch.

Gut, was wir reinkippen wissen wir jetzt. Nur wo bekommen wir jetzt noch so schnell konzentrierten reinen Apfelessig und das sechs Minuten vor Schulbeginn?

„Na, in der Schulküche gibt's sowas", flüsterte Egon leise, da Lehrer vorbei gingen und sie nicht hören sollten, was wir gerade ausheckten.

Wir berieten uns weiter, wer nun was machen sollte. Egon und Marcel schlichen sich in die Schulküche um den Essig zu besorgen. Susi wartete um die Ecke beim Lehrerzimmer auf Herr Wurzelpie und spielt ihm ganz schlimme Bauchschmerzen vor, sodass er denken sollte, Magendarmgrippe geht um. Dabei stellt er seine Thermoskanne auf den dortigen Tisch. Darunter würde ich warten und den Essig in die Kanne kippen, den Marcel und Egon bereits aus der Küche besorgt hatten. Paul war dafür zuständig die Tests auf der anderen Seite der Couch aus Herrn Wurzelpies Tasche zu nehmen, sodass er denkt er habe sie im Lehrerzimmer vergessen.

Bis er es dann in der Klasse bemerken würde, müsste die Apfelessigessenz bereits wirken. Es ist immer das Erste, was er macht, wenn er die Klasse betritt. Er begrüßt uns freundlich, richtet seinen Stuhl und nimmt zwei kräftige Tassen Tee. Im Anschluss machen wir unser Mathe-Guten-Morgen Spiel und dann würde er den Test austeilen. Bis dahin sollte das alles funktioniert und gewirkt haben.

Zeit, alles in die Tat, um zu setzen!

Alles war perfekt geplant. Jeder von uns wusste, was er oder sie zu tun hatte. Man merkte Paul die Anspannung richtig an. Wie schon erwähnt, ist er ein ganz korrekter Schüler. Er half lediglich mit, weil ich einer seiner allerbesten Freunde bin und er nicht zusehen kann, wie ich das in der Schule verbocke. Er hat einfach ein richtig großes Herz. Während sich Susi, Paul und ich uns in Stellung brachten, damit Paul und mich niemand sieht, schlichen Egon und Marcel in die Küche. Als die beiden dort ankamen, blieben sie vor der Tür stehen. „Was machen wir denn jetzt? Chefkoch Stelze ist bereits da und kramt hier schon rum. Wie kommen wir jetzt an den Essig?", fragte Marcel Egon etwas zaghaft. Egon war nicht zu helfen. Mit einem Satz sprang er wagemutig in die Küche und versteckte sich hinter einer Küchenzeile. Marcel blieb in der Tür stehen und wartete ab was Egon vorhatte. Am Boden kauernd blickte Egon nach oben und sah sämtliche Pfannen von der Abzughaube hängen.

Das war die Idee! Egon würde so viel Lärm machen, wie er nur könnte, um Herrn Stelze abzulenken. Das musste einfach funktionieren. Egon sprang in die Luft und klatschte mit einer Hand so fest er konnte auf die hängenden Pfannen. Klatsssssscccccccccccchhhhh!

Es klirrte und schepperte so laut, dass Egon selbst erschrak und sich gleich wieder hinter der Küchenzeile versteckte. „Ja, Jesus, Maria und ne Makrele! Potz Blitz, was'n hier los!", brüllte Herr Stelze durch die Küche leicht zitternd. Er war abgelenkt. Marcel schlich sich zum Schrank, in dem verschiedenen Flaschen standen. Welche sollte er nur nehmen? So viele verschiedene Sachen, die darin standen. Rapsöl, Himbeeressig, Olivenöl, Sonnenblumenöl, … Sein Blick schweifte über all die Flaschen. Irgendwie war Marcel etwas verzweifelt. Es wäre ihm lieber gewesen, wenn nur eine Flasche in dem Schrank gestanden wäre. „Also nochmal von vorne!", sagte er sich selbst. Sein Blick begann im Regal oben von rechts nach links und ging in das nächste Abstellfach eines darunter. Er sah eine

Flasche, die mit Sauerkrautsaft beschriftet war. Daneben stand der Apfelessig. Er packte beide und rannte zur Tür raus und schrie: „Gur, Gur!"

Egon schlich am Boden hinterher. Als Egon zur Tür raus war hörte man es noch einmal krachen. Herrn Stelze waren die Pfannen runtergefallen und offensichtlich auf seinen Fuß. In der Küche tobte es wie wild. Immer wieder hörte man: „Aua, Aua, Sackl Dinkel, Makrele und Schweinshaxe, saublödes Gulasch, …!" Herr Stelze tobte sich so richtig am Fluchen aus. Besser konnte unsere Flucht nicht verlaufen. Er war abgelenkt und wir hatten sogar zwei Flaschen.

„Was machst du denn mit dem Sauerkrautsaft?" fragte Egon Marcel. Egon erklärte ihm, dass er Probleme habe, wenn er zu viel Sauerkraut am Rummel essen würde und danach immer mega Bauchschmerzen habe und auch Durchfall. Deswegen habe er die Flasche auch mitgenommen. Das alles erzählte Egon Marcel, während sie zu den anderen liefen. Sie durften nur nicht von einem Lehrer erwischt werden. Es waren nur noch zwei Minuten bis Unterrichtsbeginn. Es war alles schon etwas knapp. „Hoffentlich geht sich das alles aus", kreischte Egon während er immer schneller lief.

Es war geschafft! Die beiden hatten die anderen erreicht. Schnell rollte Egon beide Flaschen zu mir unter den Tisch. „Seppl, hau drauf, du packst das!", flüsterte Marcel noch etwas angestrengt rüber. Marcel und Egon gingen zum Klassenzimmer, um dort Stellung zu beziehen. Jetzt lag alles an Susi. Sie musste Herrn Wurzelpie perfekt ablenken.

Oscarverdächtig!

Der Türgriff des Lehrerzimmers bewegte sich langsam nach unten. Mir trieb es Schweißperlen auf die Stirn. Würde Susi die Ablenkung schaffen? Würde sie Herrn Wurzelpie lange genug hinhalten können? Würde der Essigtee seine Wirkung entfalten? Zu viele Fragen beschäftigten mich in diesen wenigen Sekunden! Die Tür ging langsam auf. Das Knarzen der Türscharniere war grauenhaft. Es fühlte sich für mich an wie eine Ewigkeit. Gleich kommt er raus. Jetzt ist es so weit.

Oh nein! Es ist nicht Herr Wurzelpie! Schande, was machen wir nun? Oh mein Gott! Werden wir jetzt erwischt. Wo kann sich Susi jetzt verstecken? Der Plan läuft schief. Ich sehe uns schon die nächsten Jahre nachsitzen! Wie kann man nur auf so eine blöde Idee kommen. Hätte ich doch nur etwas gelernt und den Test nicht vergessen. So ziehe ich jetzt alle mit rein.

Susi sprang zur Seite hinter den großen Blumenstock. Frau Geotrupidae unsere

Biologielehrerin ging an Susi vorbei, als wäre sie überhaupt nicht da. Das war echt nicht verständlich, denn der Blumenstock war zwar hoch genug, sodass man Susis Kopf nicht sah, aber so schmal, dass man drei solche Blumenstöcke gebraucht hätte, um Susie richtig verstecken zu können. Susi ist richtig schlank, aber sogar hinter diesem Blumenstock sah man sie links und rechts hervorscheinen. Wir hatten einfach Glück. Frau Geotrupidae war so vertieft in ihre Unterlagen, dass sie weder links noch rechts geguckt hatte. Wir hatten noch eine Chance. Jetzt hieß es wieder abwarten. Lange konnte es nicht mehr dauern. Es musste jede Sekunde so weit sein.

Wo blieb er nur? Hinter der Tür hörte man jemand richtig fies Lachen. Ich konnte mir gut vorstellen, dass Herr Wurzelpie wie ein böser Schurke hinter der Tür stand, die Tests in der Hand hielt, böse lachte und Blitze hinter ihm einschlugen. So wie es in den ganzen Bösewichtfilmen immer ist. Genauso musste es auch hier sein. Der Türgriff bewegte sich erneut. Susi war sich sicher, dass es Herr Wurzelpie war und sprang vor dem Blumenstock vor. In Stellung gebracht hielt sie sich sogleich den Bauch. Die Tür sprang auf. Ich konnte es nicht genau erkennen, wer genau aus der Tür treten würde. Ich sah lediglich einen Schatten. Doch! Ich bin mir sicher! Ich erkannte den braunen Lederschuh, den immer Herr Wurzelpie anhatte. Ich gab Susie das Zeichen. Sofort sprang sie in ihre Rolle.

„Au, au, au, mein Bauch tut so weh. Ich weiß nicht, was los ist, mein Bauch tut so weh!", schluchzte sie vor der fast offen Lehrerzimmertür. Es war wieder einmal filmreif. Susie konnte so gut schauspielern, dass es unglaublich war. Sie wäre bestimmt auch eine prima Ballerina. Sie würde den sterbenden Schwan von Scheißkovski perfekt tanzen können. Ich glaub schon, dass der Typ aus Russland so hieß. Oma hört sich das öfter auf ihrer Schallplatte an. So ein großes rundes schwarzes Frisbee, das Töne ausspuckt.

Leicht gebückt stand Susie nun vor Herrn Wurzelpie. Ihr Stöhnen und Jammern klang so real. Sogar ich hätte geglaubt, dass sie Bauchschmerzen hat, obwohl wir die Geschichte erfunden hatten. Er kniete sich sofort zu ihr am Boden. „Was hast du denn, Susanne?", fragte er fürsorglich. Ich wusste es genau. Susi fand es zum Kotzen, wenn man sie Susanne nannte. Sie musst sich sichtlich zusammenreißen nicht aus der Rolle zu fallen.

„Ach Herr Wurzelpie, ich habe solche Bauchschmerzen seit ein paar Minuten", heulte Susi.

Mein Einsatz!

Sie heulte Herrn Wurzelpie die Ohren voll. Sie hatte ihn vollkommen in ihren Bann gezogen. Das war meine Chance. Wie vermutet, hatte er die Thermoskanne etwas hinter sich auf den Boden gestellt. Langsam robbte ich mich unter der Couch hervor. Ich stieß mir den Kopf. Ein Rumpler war zu hören. Herr Wurzelpie drehte sich langsam in meine Richtung. Mein Herz raste. Würde er mich entdecken? Kalter Schauer lief mir über den Rücken.

„PPPPFPFPFFFPPPPFFF!" ertönte es lautstark. Susi hatte einen fahren lassen, um Herrn Wurzelpie wieder abzulenken. Nach dem Pfurz jammerte sie: „Meine Bauchschmerzen sind so schlimm, das wäre jetzt fast in die Hose gegangen!" Ihr Gesicht war knallrot. Ich befürchtete, dass das keine Schamesröte war, sondern der Ärger über mich, dass ich mich fast verraten hätte. Da kommt noch etwas auf mich zu. Susi lässt das nicht auf sich ruhen! Der Lehrer schenkte Susi sogleich wieder ungeteilte Aufmerksamkeit!

Neuer Versuch. „Jetzt ganz langsam und vorsichtig!", sagte ich zu mir selbst innerlich. Ein paar Zentimeter noch, dann habe ich die Flasche. Noch ein Stückchen. Meine Arme waren zu kurz. Noch weiter wollte ich nicht unter der Couch hervor krabbeln. Ich wollte es unbedingt vermeiden, dass man meinen Kopf sieht. Es half alles nichts. Ich musste es riskieren. Ein Stückchen rückte ich noch weiter vor. Fast geschafft, gleich habe ich die Kanne. Jetzt, jetzt, aber jetzt! Ich habe sie! Schnell wieder zurück unter die Couch! Langsam und vor allem sehr leise öffnete ich die beiden Flaschen und die Kanne. Susi heulte noch lauter, damit man das Drehen der Schraubverschlüsse und das Plätschern beim Umfüllen nicht hören konnte.

Ich winkte Paul. Nun war er an der Reihe die Tests aus der Tasche zu holen. Paul war sichtlich nervös. Er biss sich auf die Unterlippe und zitterte ein wenig. Man merkte, dass er allen Mut zusammen nahm um das von ihm verlangte zu meistern. So langsam wie eine Schnecke kroch er unter der Couch hervor. Langsamer ging es echt nicht mehr. Es sah aus, als hätte man auf Zeitlupe geschaltet oder als würde ein Faultier einen Marathon laufen. Ich winkte schneller und schneller. Er musste etwas Gas geben, denn gleich würde die Glocke zum Unterrichtsbeginn ertönen. Der Schweiß lief Paul über das ganze Gesicht. Sein Shirt war klatschnass. Mit einem schnellen Griff in die Tasche hatte er auch schon alle Tests in der Hand. Jetzt hieß es vorsichtig sein. Wir durften nun noch weniger entdeckt werden als vorhin schon, ansonsten würden wir wegen Schummeln in der Direktion landen und unsere Eltern würden verständigt werden. Das will keiner von uns.

Ich stellte so leise als möglich die Thermoskanne wieder zurück an ihren Platz und achtete darauf, dass ich mir nicht wieder den Kopf stoße. Es war erledigt. Bisher hatte der Plan einwandfrei funktioniert. Ich zwinkerte Susi zu! Sie wusste sofort Bescheid, dass wir alles geschafft hatten.

„Können Sie mich bitte noch zur Schulärztin bringen, Herr Wurzelpie?", fragte Susie weinerlich. Sogar eine Träne drückte sie noch mal raus. Bemerkenswertes Schauspiel. Das hätte keiner von uns Jungs geschafft. Der Lehrer stimmte zu und ging mir ihr zur Schulärztin. Diese war gleich den Gang runter. Wir hatten nicht viel Zeit, die Tests verschwinden zu lassen und in die Klasse zu kommen. Also, wohin jetzt damit? Daran hatte ich nicht gedacht.

Da fiel es mir ein. Die Jungs Toilette!!! Da verstecken wir die Tests im Lüftungsgitter.

Fast erwischt!

Die Toilette war gleich neben der Couch. Vorsichtig streckte ich meinen Kopf unter der Couch heraus, um zu sehen, ob jemand kommt. Schnell sprangen Paul und ich in die Toilette rein. Ich gab die Hälfte der Tests Paul damit er diese am anderen Ende der Toilette in die Lüftung steckt und ich meine Hälfte vorne beim Waschbecken Lüftungsgitter. Wir mussten die Tests einzeln reinschieben. Der ganze Packen war zu dick.

KLINGELINGELING! Die Glocke hat die Unterrichtsstunde eingeleitet. Was machen wir jetzt? Wir waren noch nicht in der Klasse. Schneller und schneller stopften wir die Tests in die Lüftungsgitter. Es ging viel zu langsam. Den Rest stopfte ich in die Toilette und warf eine Menge Klopapier darauf. Mit der Toilettenbürste drückte ich ordentlich nach. Ich betätigte die Spülung. Es ging einfach nichts runter. Im Gegenteil, es wurde immer mehr und mehr Wasser. Paul kam mir zur Hilfe. Mit zwei Klobürsten drückten und stopften wir, was das

Zeug hielt. Die Tests waren nicht mehr zu sehen. Das Problem war nur, dass die Toilettenschüssel beinahe übergelaufen ist. Das Wasser konnte nicht mehr abfließen. Egal! Wir mussten in die Klasse. Hoffentlich hatte Susi Herrn Wurzelpie lange genug ablenken können. Wir rannten was das Zeug hielt in unsere Klasse. Die Tür stand noch offen. Wir hatten Glück! Reingestürmt traute ich meinen Augen nicht! Der Lehrer war schon da!!!! Oh mein Gott, was sollten wir nur machen? Komisch war nur, dass der gesamte Klassenraum verdunkelt war. Warum das? Ich schaute zu Egon und Marcel rüber. Egon zwinkerte mir zu. Er und Marcel hatten die Jalousie runter gemacht, um etwas Zeit zu schinden. Das war perfekt mitgedacht. „Jetzt machen wir einmal alles hell hier drinnen und dann öffnen wir die Fenster, Kinder!", sagte Herr Wurzelpie bestimmend. Langsam schlich ich mich zu meinem Platz. Das war nicht so einfach, denn ich saß in der letzten Reihe. Paul hatte bereits Paltz genommen. Er saß in der ersten Reihe neben der Tür.

„Was machst du da, Seppl?", fragte der Lehrer mürrisch. Er hatte mich erwischt. Was soll ich jetzt nur machen? Er stand beim Lehrerpult und schaute grimmig drein. Er griff zu seiner Thermoskanne und nahm einen großen Schluck. „Ich warte auf deine Antwort, Seppl!", forderte er. „Sie hatten gesagt, wir sollen es hell machen in der Klasse und die Jalousie öffnen! Ich wollte Ihnen nur gleich helfen kommen", erwiderte ich blitzschnell. Ich hoffe, er frisst das, was ich da von mir gelassen hatte, dachte ich mir. „Auf einmal so vorbildlich? Gut, dann öffne die Fenster, mein Junge?!", erwiderte Herr Wurzelpie etwas skeptisch. Er setzte sich auf seinen Stuhl und trank genüsslich eine weitere volle Tasse. Ein wenig verzog er das Gesicht dabei. „Schmeckt anders als sonst", murmelte er vor sich hin und trank weiter. Nachdem er die zweite Tasse geleert und ich alle Fenster geöffnet hatte, setzte ich mich auf meinen Platz. „Nun wird es Zeit, dass wir unseren Test schreiben. Stellt bitte eine Mappe zwischen euch auf, damit ihr nicht abschreiben könnt von eurem Nachbar. Herr Wurzelpie kramte in seiner Tasche herum. Er wirkte etwas verzweifelt dabei. Er kratzte sich am Kopf. Man merkte, dass er verwirrt war. „Ich habe offensichtlich die Tests im Lehrerzimmer vergessen. Das ist nicht gut, ich werde diese umgehend holen. Bleibt auf euren Plätzen und seid leise bitte. Ich komme gleich wieder!" ordnete Herr Wurzelpie an. Er klappte seine Tasche zu, doch dann … BRUABBLUBBLUBB, ertönte es aus seinem Bauch. Er wurde rot im Gesicht. Es war richtige Schamesröte. Sein Bauch blubberte und kullerte wie wild. Richtig schmerzhaft hörte sich das an.

Tauschen möchte ich gerade nicht mit ihm.

Der feuchte Furz!

„Oh Pardon!", stöhnte Herr Wurzelpie. Er war sichtlich angespannt. Plötzlich öffnete sich die Tür. Susi und Frau Geotrupidae traten zur Tür herein. Susi schauspielerte immer noch. Fantastisch, was sie draufhatte. „Herr Kollege, Susanne wollte unbedingt den Test mitmachen, obwohl sie die Schulärztin nach Hause schicken wollte. Susanne wollte zumindest der ersten Stunde beiwohnen", erklärte Frau Geotrupidae.

„Was für ein Morgen! Gut! Susanne, setz dich bitte und nach dem Test gehst du nach Hause!", ordnete unser Lehrer an.

Er steckte mit Frau Geotrupidae die Köpfe zusammen. Sie berieten sich über etwas. Ich konnte nur nicht hören, worum es ging.

„Liebe Kinder, Frau Geotrupidae wird kurz auf euch achtgeben während ich die Tests aus dem Lehrerzimmer hole", erklärte er uns. Herr Wurzelpie ging zur Tür raus und hielt sich dabei selbst den Bauch. Er schnaubte etwas angestrengt. Es musste so richtig rund gehen in seinem Magen. Wie eine Achterbahnfahrt, eben nur im gesamten Bauchraum. Richtig gut sah er nicht mehr aus. Als er zur Tür raus war, setzte sich unsere Biologielehrerin auf den Platz von Herrn Wurzelpie. Etwas frech schraubte sie die Thermoskanne auf und roch daran. „Mhmmm, einen Schluck wird mir mein Kollege schon gönnen", murmelte sie vor sich hin. Sogleich trank sie eine ganze Tasse davon. „Etwas sauer, aber es wärmt den Bauch so schön", fuhr sie fort. Daran hatten wir nicht gedacht, dass auch jemand anderes den Tee trinken würde. Das kann ordentlich schief gehen! Das hätte ich mich nicht getraut, einfach von jemand anderes etwas zu nehmen, ohne vorher zu fragen. Hoffentlich geht das gut! Sie nahm einen weiteren großen Schluck. Ich konnte gar nicht hinsehen, womöglich wird es ihr wie unserem Lehrer ergehen. Susi, Marcel, Egon und Paul schauten zu mir rüber. Alle hatten große Augen und hielten sich die Hand vor dem Mund. Das konnte keiner von uns voraussehen.

Herr Wurzelpie kam zurück in die Klasse. In der einen Hand hielt er die Tests und mit der anderen rieb er sich den Bauch. Er wirkte sehr angeschlagen. Auf der Stirn stand ihm der Schweiß und er ließ die Zunge raushängen. Es ging ihm offensichtlich nicht gut.

„Liebe Frau Kollegin, würden Sie bitte während des Tests in der Klasse bleiben. Mir geht es tatsächlich nicht gut. Ich denke, ich bin krank. Heute Morgen war ich allerdings top fit und hätte Bäume ausreißen können. Ich hoffe, ich habe mich heute Morgen nicht vor dem Lehrerzimmer angesteckt", schilderte er Frau Geotrupidae.

Woran hätte er sich anstecken sollen? Susi hatte nichts, außer ein riesiges Talent. Unsere Bio-Lehrerin willigte ein. Sie sah mittlerweile auch nicht mehr so rosig aus. Ihre Gesichtsfarbe war etwas grün geworden und sie musste mehrmals aufstoßen. Der Lehrer gab die Tests Paul um diese auszuteilen. „Mist, der ganze Aufwand umsonst!", dachte ich mir. Jetzt musste ich den Test doch schreiben und würde dafür eine Fünf kassieren. Alles war umsonst! Der Plan hätte funktionieren müssen. Ich verstand das nicht. Was hatte ich nicht bedacht? So viele Fragen schossen mir zugleich durch meinen Kopf. Ich war der letzte, der den Test ausgeteilt bekommen hatte. Paul stand vor mir. Irgendetwas flüsterte er mir zu. Ich konnte es nicht genau verstehen, bis … „PFPFPFPFUARZPFFF!", hallte es durch die Klasse. Was war das jetzt? Wer hatte bitte so einen fahren lassen. Das hörte sich an, als würde eine mega Schlammpackung durch ein Rohr geschossen werden. Frau Geotrupidae versank im Stuhl und richtete ihren Blick nach unten. War das etwa sie?

Der Test beginnt!

Lautes Gelächter brach in der Klasse aus. Keiner von uns konnte sich zurückhalten. Es war zu komisch. Als wäre man auf einen Dudelsack getreten. Schreckliches Geräusch, aber komisch zugleich. Ich blickte auf die Uhr. Wir hatten schon 20 Minuten der Stunde verprasst. Es war leider immer noch zu wenig, um die Stunde sausen zu lassen. Ein weiteres Mal ertönte ein Furzgeräusch. Der hörte sich anders an. Irgendwie dumpfer und er roch auch sofort! Richtig unangenehm! Puh das stank, als hätte man eine Biotonne in die pralle Sonne gestellt! Herr Wurzelpie wurde knallrot. „Entschuldigt bitte!", stotterte er vor sich hin und griff sich mit einer Hand auf den Hintern. Er wirkte sehr verzweifelt. Er schwitzte stark und verschränkte seine Füße. Es sah aus, als müsste er sich zusammenreißen den nächsten Furz bei sich zu halten. Sein Gesicht wurde beinahe schon lila vor Druck!

„BBBBITTTTTEEEE, FFFAAAANNNNNGGT AAAAANNNN MIIIITTTT DEEEEEMMMM TTTTTEEEEESSTT!", stotterte er sehr

angestrengt. Mehr als eine halbe Stunde war schon verstrichen. Es war leider immer noch genug Zeit, den 15 Minuten Test zu schreiben.

„UAAAAAAAHHHHHHH!", schrie Frau Geotrupidae und rannte aus dem Klassenzimmer und hielt sich mit beiden Händen am Hintern. Herr Wurzelpie tänzelte herum und sein Auge zuckte stark.

„Bitte beeilt euch mit dem Test lieber Kinder!", stammelte er und tanzte als wäre er ein Zirkusbär.

Plötzlich hörte man etwas gluckern! Was war das für eine Geräusch? Es hörte sich an, als wäre es ein kleiner Bach. Wo kam das Geräusch her? Aus Herrn Wurzelpies Bauch war das nicht, denn der brummte und krachte immer noch, abwechselnd mit leisen Fürzen, die er kaschieren wollte. Wo kam das Geräusch nun her?

„Oh Gott, lasst mich durch! Der Test wird unterbrochen!", brüllte Herr Wurzelpie, der zur Tür rannte und diese mit einem Ruck aufriss.

Wasser lief über seine Füße hinweg. Darauf konnte er sich nicht mehr konzentrieren. Er lief, als hätte ihn ein Raubtier verfolgt, aus dem Klassenzimmer. Ich stürmte zur Tür. Am Gang lief Wasser, Es waren sicher zwei Zentimeter, die den Boden bedeckten! Wo kam das nur her? Meine Gang eilte zu mir. Susi entspannte ihr Gesicht. Die Schauspielerei war vorüber. Beide Lehrer waren aus der Klasse raus gestürmt. Womöglich sitzen beide nebeneinander auf der Toilette, dachte ich so nebenher.

„Ey Bros, wo kommt das Wasser her?", fragte Egon verwirrt. Keiner von uns konnte sich das erklären. „Hast du damit was zu tun Seppl?", fragte Marcel erstaunt. Ich verneinte. Tatsächlich konnte ich mir selbst nicht erklären, was passiert war. So verwirrt war ich selbst lange schon nicht mehr gewesen. Unsere beiden Lehrkräfte kamen nach fünf Minuten immer noch nicht zurück. Die Stunde dauerte nur noch zehn Minuten. Wir hatten es geschafft! Der Test war somit ausgefallen.

„Achtung, Achtung!" ertönte es aus den Lautsprechern in der Klasse. Jede Klasse hatte solche, um Durchsagen aus der Direktion hören zu können.

„Liebe Schülerinnen und Schüler! Da ein technisches Gebrechen in der Jungentoilette im ersten Stock vorliegt und einige Lehrkräfte wegen Magen-Darm-Problemen nicht mehr unterrichten können, wird die Schule für heute geschlossen! Bitte seid beim Verlassend er Klassen vorsichtig! Das Wasser bedeckt alle Gänge der Schule. Allen Schülern, die auch Bauchschmerzen haben, wünsche ich gute Besserung über das Wochenende! An alle anderen: Bleibt gesund! Es gibt keine Hausaufgaben bis Montag! Alles Gute und ich wünsche euch schöne Tage zu Hause!", sagte Frau Direktor Zapenduster durch die Lautsprecher.

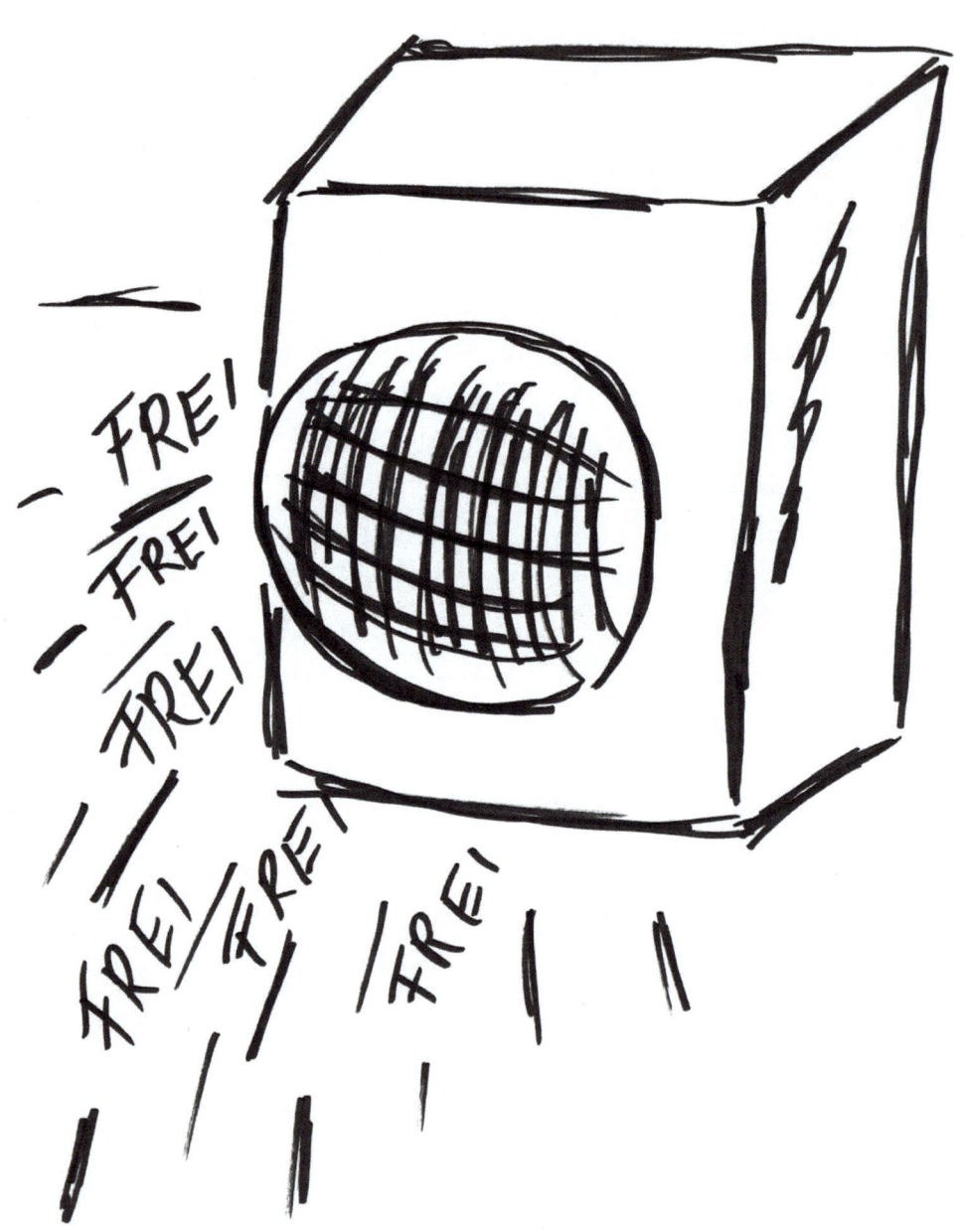

„Digga, du hast es gerockt!", brüllte Paul und fiel mir um den Hals. Ich konnte es kaum glauben. Die ganzen Schüler der Schule hörte man jubeln. Aus allen Klassenräumen hallte es.

Vorsichtig gingen wir mit unseren Schulsachen aus der Klasse und wateten durch das Wasser. Am Schulhof angekommen, war die Euphorie spürbar. Jeder freute sich über den frühen Unterrichtsschluss. Als wir am Toilettenfenster vorbei gingen, hörte man Herrn Wurzelpie und Frau Geotrupidae abwechselnd auf dem Klo stöhnen. Die beiden hatte das Gemisch von Apfelessig und Sauerkrautsaft ordentlich aus der Bahn geworfen.

„Du bist der Wahnsinn, Seppl!", sagte Susi und fiel mir um den Hals. Ich wurde leicht rot. Zum Schluss muss ich zugeben, dass ich mich zwar sehr darüber freute, früher aus der Schule zu kommen, da ich die echt anstrengend und ätzend finde. Dennoch wäre das alles nicht nötig gewesen, hätte ich im Unterricht aufgepasst und etwas gelernt!

Also die Moral von der Geschichte ist ganz einfach. Auch wenn es nicht immer lustig ist, ist

es dennoch meine Aufgabe in die Schule zu gehen, aufzupassen und zu lernen! Nicht nur das. Hinzu kommt: Solche Aktionen sind nicht klug und man sollte sie unbedingt lassen. Da kann so viel schief gehen. Stell dir nur mal vor, du wirst dabei erwischt, wie du Lehrern Essig in den Tee kippst. Das darfst du auf keinem Fall machen. Das musst du mir versprechen! Am besten ist es, du hältst dich an die Regeln! Das mit der Toilette kann ich mir mittlerweile auch vorstellen, was das war. Wahrscheinlich sind das die ganzen Tests, die ich und Paul reingestopft haben. Mit Sicherheit ist die Toilettenspülung hängen geblieben und es hat alles überschwemmt.

Also noch einmal zum Schluss: Bitte mach so etwas niemals nach! Ich werde den restlichen Tag jetzt zu Hause im Garten genießen. Mal sehen, was mir da noch so alles einfällt. Schön, dass du dabei warst. Ich würde mich freuen dich bald wieder zu sehen.

Mach's gut!

Dein SEPPL

MICHAEL PAUZENBERGER

Michael Pauzenberger wurde am 27.09.1989 in Grieskirchen geboren. Von Klein auf liebte er es, zu Zeichnen und verblümte Geschichten zu erzählen. Damals hieß es schon, der Junge hat aber Fantasie. Mit 23 gründete er seine Kaffeerösterei Emmas Kaffee. Diese ist benannt nach seiner ältesten Tochter Emma. Emma und sein Sohn Leo, sind seine Inspiration nun auch Kinderbücher zu schreiben. Mit der Buchreihe Floris und Lauris Abenteuer, schrieb er sein erstes Kinderbuch im Paramon Verlag. Weitere Bücher sind Gisi und Lisi knallhart. Die beiden Mädels zeigen so richtig, was sie können und lösen spannende Rätsel zusammen. Seppls Strizzi Geschichten sind Lausbubentaten einer Freunde Gang. Da geht es schon mal rund, egal ob in der Schule oder zu Hause. Seppl lässt nichts anbrennen.

Der Ofen des Schreckens!

Gisi und Lisi knallhart!

Gisi und Lisi sind zwei beste Freudinnen. Sie tanzen zusammen im Ballett. Allerdings ist Gisi ein Technikgenie und Lisi liebt Mode, Schmuck und alles was Kosmetik ist. Zusammen sind sie einem Rätsel in ihrer gemeinsamen Schule auf der Spur. Alles wirkt komisch und skurril. Die Schule ist geschlossen. Die Fenster sind verdunkelt. Man hört ein Heulen in den Rohrleitungen. Was sind die beiden da bloß auf der Spur? Der Ofen des Schreckens ist BAND1 Altersempfehlung 9-14 Jahre

storyone

Michael Pauzenberger

Floris und Lauris Abenteuer

Lauri der Kaffeebär – wie alles begann

Floris und Lauris Abenteuer
Lauri der Kaffeebär – wie alles begann

Wie ein Wunder wurde Lauri der Kaffeebär geboren. Nun erleben Flori und Lauri zusammen ihr erstes kleines Abenteuer. Eine richtig großartige Alltagsgeschichte, die Flori selbst kaum glauben kann. Sie erleben ein Band inniger Freundschaft und lösen kreativ so manches Problem. Klar ist Floris Familie mit dabei von der Partie.

Paramon Verlag

Das grüne krähende Etwas!

Gisi und Lisi knallhart

Gisi und Lisi haben kurzfristig Ferien, da ihre
Schule geschlossen wurde. Jetzt machen sie
einen Kurzurlaub und erleben schon bei der
Reise so manche Überraschung. Das schlimmste
für Lisi ist, dass sie kein Internet und
Handyempfang hat, dort wo sie ihren Urlaub
verbringen. Mysteriöse Phänomene scheinen
auch am Bauernhof zu sein. Schauen wir einmal,
welches Rätsel Gisi und Lisi nun wieder
aufklären müssen.

Band 2

Altersempfehlung 9-14 Jahre

storyone

Du Spezi bas nuamoi af!

Servus und griasde, ich bin es nochmal, da Seppl! Du denkst dir jetzt bestimmt, warum ich hier noch einmal mit dir und deine Eltern reden möchte. Ich möchte dir noch unbedingt von Johannes und seiner Familie erzählen. Das ist ein guter Spezi von mir. Der gehört nämlich auch zu meiner Gang. Alle nennen ihn Jimmy. Jimmy ist gerade erst einmal 30 Jahre alt und hat ALS. Das ist eine sehr schwere Krankheit, die seine Nerven im Körper zerstören. Mittlerweile sitzt Jimmy im Rollstuhl. Lieder kann er selbst nicht mehr viel selbstständig machen. Seine kleine Tochter wird mit ihm nie im Garten spielen können und wird in Zukunft keine Umarmung mehr von ihm erhalten. ALS ist unheilbar. Das macht mich sehr traurig! Und deshalb möchte ich ihn und seine Familie so gut es geht helfen! Vielleicht möchten auch deine Eltern etwas Unterstützung leisten? Jeder noch so kleine Beitrag ist sehr wertvoll! Das ermöglicht Jimmy seine Therapien zu machen, die er sich selbst finanzieren muss. Im Namen der Familie Meingaßner möchte ich jetzt schon von Herzen DANKE sagen! Danke, dass du in meiner Gang bist! Danke, dass du bei meinen Abenteuern dabei bist!

Dein Seppl

Johannes Meingaßner
Spendenkonto:

AT74 2032 0328 0456 6416
ASPKAT2LXXX